스토리가 있는

종이인형 놀이

스토리가 있는 종이인형 놀이

초판 1쇄 발행 2017년 12월 20일
펴낸곳 moRan 출판사
펴낸이 김영애
디자인 이든디자인
출판등록 제406-2016-000056호
주소 경기도 파주시 문발로 405, 204호
전화 031-955-1581 **팩스** 031-955-1582
전자우편 moran_con@naver.com

ⓒmoRan콘텐츠연구소
ISBN 979-11-958060-1-0 13630

이 도서의 국립중앙도서관 출판예정도서목록(CIP)은 서지정보유통지원시스템 홈페이지(http://seoji.nl.go.kr)와
국가자료공동목록시스템(http://www.nl.go.kr/kolisnet)에서 이용하실 수 있습니다.(CIP제어번호: 2017031682)

스토리가 있는

종이인형 놀이

moRan 콘텐츠연구소 엮음

moRan

뻿시 가족의 휴가여행

벳시는 아침 일찍 일어났어요.

오늘 샌프란시스코로 휴가여행을 떠날 거예요.

"서둘러, 노시!"

벳시는 애완견 노시를 불렀습니다.

"이제 짐을 꾸리자."

아침 식사를 마치자마자 아빠는 차고에서
자동차를 빼내왔어요.

벳시 가족이 여행에서 맨 먼저 들른 곳은 할머니가 계신 시골집이에요.

할머니는 맥콜 가족을 맞이하려고 허겁지겁 뛰어나왔습니다.

할머니는, 심지어 노시까지 포함하여 가족들을 모두 얼싸안았습니다.

잠시 후 다 함께 거실로 들어가 떠들썩하게 웃으면서

이야기꽃을 피웠습니다.

"블루베리를 따고 싶은 사람?"

할머니가 싱긋 웃으면서 말했습니다.

"저요!" 벳시가 소리쳤습니다.

양지바른 블루베리 밭에서 블루베리 열매를 찾는 것이

얼마나 재미있는지 몰라요!

벳시의 양동이가 가득 찼을 때 할머니가 벳시를 불렀어요.

"벳시. 나랑 같이 저녁으로 파이를 굽자구나."

다음날 오후 벳시 가족은 할머니와 작별 인사를
나누고 다시 여행을 떠났어요.
계속 차를 달려서 맑은 강을 만났어요.
아빠는 차를 세우고 물었습니다.
"배고프니, 벳시?"
"네."
벳시는 대답하면서 주변을 유심히 둘러보았습니다.
"하지만 먹을 게 하나도 보이지 않아요."
아빠가 껄껄 웃었습니다.
"저기 낚시하는 사람들 보이지?
우리도 물고기를 잡아서 요기를 할까?"
"난 시원하게 수영이나 하러 가야지!" 엄마가 말했습니다.

아빠가 물었어요.

"벳시는 뭐가 제일 되고 싶어?"

"카우보이요!"

벳시가 크게 소리치며 대답했지요.

아빠가 엄마에게 찡긋 윙크를 합니다.

"좋아, 역시 내 딸답네. 슬림 헤네시 댁에 들러 보자."

벳시 가족은 한참동안 부옇게 흙먼지가 일어나는 길을 달린 후

야트막한 어느 목장 주택에 도착했답니다.

울타리에는 얼룩무늬 조랑말이 묶여져 있었고,

카우보이 모자와 부츠 차림의 진짜 카우보이도 그곳에 있었어요!

"빌 맥콜!" 카우보이가 아주 기뻐하며 소리쳤어요.

"이거 참, 자넬 만나서 반갑구마!"

헤네시 부인도 달려 나왔어요.

"여러분 잘 오셨어요!" 부인이 웃으며 반겨줬어요.

"마침 힘센 일꾼들이 필요했거든요."

"가축 도둑이 있나요?" 눈을 휘둥그레 뜨고 벳시가 물었죠.

"아니."

헤네시 아저씨가 크게 웃으며 말했어요.

"그냥 가축을 모는 일이란다. 이리 와서 조랑말 좀 구경하렴."

벳시가 조랑말의 부드러운 코를 톡톡 두드려줬더니 친구가 되었어요.

"안녕!"

꼬마 카우보이가 큰소리로 인사를 하네요.

꼬마는 벳시의 조랑말과 똑같이 생긴 조랑말을 타고 목장 마당으로 달려왔어요.

이름은 톰, 헤네시 부부의 아들이죠.

"우리 집 4륜차 구경하고 싶니?"

벳시와 톰은 최신식 트럭을 구경하려고 후다닥 뛰어갔습니다.

"우리 엄마가 이 차를 운전하시는데 굉장히 일찍 일어나서.

그러니 내일 늦잠 자면 안 돼."

날이 밝자 밖에서 트럭 시동 거는 소리가 들리기도 전에 벳시는 일어났어요.
"크로족 인디어보호구역이 근처에 있는데 오늘 그곳에 가면
특별한 인디언댄스를 구경할 수 있을 거야."
슬림 아저씨가 알려줬어요.
저기 잔뜩 사람들이 모여 있어요.
한가운데 밝은 깃털과 물감으로 치장한 인디언들이
둥둥 울리는 북소리에 맞춰 춤을 추고 있네요.
인디언들은 쉬지 않고 위 아래로 몸을 흔들어대요.

머리를 땋은 작은 소녀가 수줍게 웃으며 다가왔어요.

"너도 같이 놀래?"

벳시도 같이 바닥에 꿇어앉았어요.

구슬 놀이가 끝나자 벳시는 구슬로 장식한 인디언 소녀의 옷과

사슴가죽 구두를 만져 보았어요.

"네 옷 엄청 예쁘다!"

벳시가 칭찬하니 인디언 소녀는 옷을 바꿔 입자고 했어요.

벳시는 좋아서 환호성을 터뜨렸고

순식간에 두 소녀는 옷을 바꿔 입었지요.

엄마와 아빠는 절반은 인디언 소녀가 되어버린 딸을 보며 웃으셨어요.

그날 밤 커다란 헛간에는 근처 목장에서 온 이웃들로 흥겨움이 넘쳐났어요.

말끔하게 빗질한 슬림 아저씨가 무대에 올라 유쾌하게 소리칩니다.

"모두들 안녕하세요! 이제 자신의 파트너와 마주보세요!"

댄서가 된 이웃들이 각자 자리를 잡는 동안 톰이 벳시에게 다가왔어요.

톰은 벳시 앞에서 허리 굽혀 인사하면서 벳시를 무대로 데려갔어요.

갑자기 흥겨운 음악과 함께 댄스가 시작되었답니다.

톰은 벳시에게 춤 동작을 가르쳐 줬어요.

벳시의 엄마와 아빠도 빙빙 돌면서 춤을 추었어요.

마침내 벳시 가족은 목장을 떠나게 되었어요. 다음 여행지는 옐로우스톤 공원이에요.

공원에 다가갈수록 시골길은 점점 가팔라졌어요.

삐죽삐죽한 산들이 하늘 높이 솟아 있었어요.

갑자기 텁수룩한 큰 머리를 가진 낯선 갈색 동물이 떼를 지어 나타났어요.

"우와, 저게 뭐예요?" 벳시가 고함을 질렀어요.

"들소들이야! 저 녀석들이 진짜 미국 들소란다!" 아빠가 알려줬어요.

벳시 가족은 온순한 사슴 떼와 길가를 따라 성큼성큼 걸어가는 회색곰도 마주쳤어요.

그곳에는 하늘을 향해 물줄기가 뻗치는 간헐천도 있었는데

하마터면 노시는 간헐천이 만든

뜨거운 웅덩이에 뛰어들 뻔 했지 뭐예요.

여행을 하던 어느 날 벳시 가족은 차이나타운에서 식사를 하게 되었어요.

우아한 중국 의상을 입은 종업원이 시중을 들었지요.

가족 모두 쌀로 만든 요리를 맛보았어요.

그러는 동안에 어머나, 노시가 없어졌어요!

"노시!" 벳시는 눈물을 글썽이며 헐레벌떡 식당 밖으로 달려 나갔어요.

"노시! 어디에 있는 거니?" 벳시가 노시를 애타게 찾고 있어요.

그때 한 중국 소년이 벳시에게 말을 건넸어요.

"너 자그마한 갈색 강아지를 찾는 거지?"

벳시가 고개를 끄덕이자 소년이 말했어요.

"방금 녀석이 저 너머 우리 할아버지 가게로 달려 들어갔어."

벳시는 소년이 이끄는 가게로 따라갔어요.

바로 그 가게 안에 버릇없이 도망친 노시가 있었어요!

노시를 호되게 야단치고 나니 그제야 가게가 눈에 들어왔어요.

"우와, 저 옷 좀 보세요! 모두 엄청 예쁜 옷들이야!"

벳시는 자신을 따라온 엄마 아빠에게 흥분해서 큰 소리로 외쳤어요.

나이가 지긋한 중국인 가게 주인이 아름답게 수를 놓은 의상을 가져왔어요.

"이 옷이 귀여운 소녀에게 딱 맞을 거 같군요."

벳시는 애원하는 눈빛으로 엄마 아빠를 쳐다보았답니다.

엄마가 미소를 지으며 말했어요.

"아무래도 놀란 네 가슴을 진정시키려면

이 옷이 필요할 것 같긴 하네.

노시가 너한테 주는 선물이야!"

"아싸, 고마워요!"

마침내 벳시 가족은 집으로 돌아왔어요.

벳시 가족이 마을 입구에 도착하자 노시가 컹컹 짖기 시작했습니다.

"여행이 신나지만 집으로 돌아오는 게 더 신난다는 걸 너도 알고 있구나."

잠시 후 벳시 가족이 모두 하얀 집 안으로 걸어 들어가고 문이 닫혔습니다.

오리고 입히고 말하고
소녀감성 패션 인형극장

Betsy McCall

1951 원조 패션 걸
Betsy McCall 탄생!

《스토리가 있는 종이인형 놀이》는 주인공 벳시 맥콜의 가족 휴가여행으로 시작됩니다. 백악관, UN, 인디언마을 등 여러 곳을 방문하고, 그에 맞는 의상을 갈아입힐 수 있습니다. 실제 잡지 원문을 복각하여 65년 전 의상을 그대로 실현한 종이인형 놀이 책. 당시에 판매되었던 의상 패턴대로 옷본을 제공하여 어린이뿐만 아니라 성인들에게도 즐거운 추억여행이 될 것입니다.

스토리가 있는

종이인형 놀이

오리고 입히고 말하고 소녀감성 패션 인형극장

혼자 놀아도, 둘이 놀아도 종이인형 놀이

moRan콘텐츠연구소 엮음

moRan

Betsy McCall

스토리가 있는
종이인형 놀이

Betsy McCall goes to School

학교 가는 벳시

벳시가 드디어 학교에 가요!
목 빠지게 그 날을 기다리고 있어요.
등교할 때 입고 싶은 옷이 여러 벌 있어요.
옷들이 너무 예뻐서 어떤 옷을 골라야
할지 정말 힘들어요.
어젯밤에는 아빠가 선물을 두 가지나 사오셨어요!
필통과 크레용을 넣은 커다란 박스였지요.
벳시는 자기 이름 쓰는 법을 알고요, 숫자도 셀 수 있어요.
벌써 담임선생님 얼굴도 봤다구요. 선생님이 엄마를 뵈러 왔거든요.
세상에서 가장 예쁜 옷을 입은 선생님이 환하게 웃었어요!
빨리 학교 가는 그날이 오면 좋겠어요!

Here's Betsy McCall

애완동물 패션쇼

벳시는 강아지 노시를 데리고 애완동물 패션쇼에 갔어요.
사촌 바바라도 함께 갔어요.
그런데, 세상에나! 노시가 우승을 했지 뭐예요!
친구들이 자기 애완동물을 데리고 강당에 있는 무대에 올라
퍼레이드를 했어요. 강아지와 고양이는 물론 심지어 토끼와
나이든 거북까지 각양각색의 애완동물들이 참가했어요. 무대 위에는 붉은
깃털이 달린 커다란 깃발이 있었는데, 그건 '불우이웃 돕기' 깃발이에요.
애완동물 패션쇼에 참가한 모든 사람들이 불우이웃을 돕기 위해 돈을 기부
했어요. 엄마와 아빠는 물론이고 선생님과 친구들도 모두 함께하는 축제였
어요. 우승한 노시는 멋진 붉은 깃털을 받았답니다. 퍼레이드에 참여한 다
른 어떤 강아지보다 꼿꼿하게 바른 자세로 앉아 있었거든요.

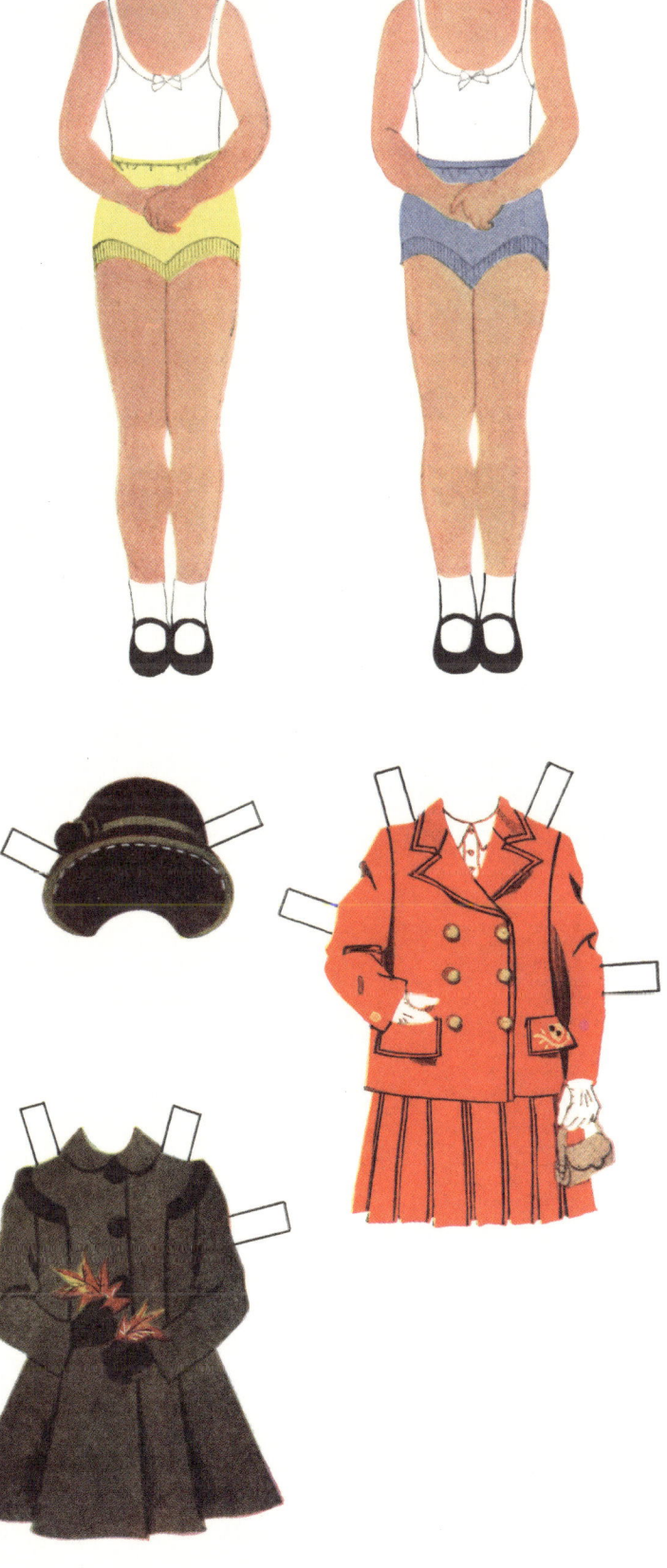

Betsy McCall
goes to a wedding

결혼식 참석

벳시가 이모의 결혼식에서 꽃을 뿌리는 신부 들러리 소녀가 되었어요! 수 이모는 조지 아저씨와 결혼한다고 엄마에게 알려줬어요. 그러곤 벳시에게 결혼식에 오고 싶은지 제일 먼저 물어봤지요. 당연히 벳시는 가고 싶다고 대답했죠! 엄마는 지금껏 본 것 중에서 가장 예쁜 드레스를 벳시에게 입혔어요. 하얀 주름이 잡힌 레이스 장식에 분홍색 허리끈을 두른 드레스였어요. 사람들은 모두 수 이모만큼 예뻐 보인다고 말했어요.

벳시네 가족은 간직할 수 있는 특별한 사진도 함께 찍었답니다. 벳시의 사촌 바바라도 결혼식에 참석했어요. 아쉽게도 수 이모는 바바라의 이모는 아니어서 바바라는 들러리를 설 수 없었어요. 하지만 결혼식 케이크 한 상자를 받아서 집으로 가져갔어요.

Betsy McCall writes to Santa Claus

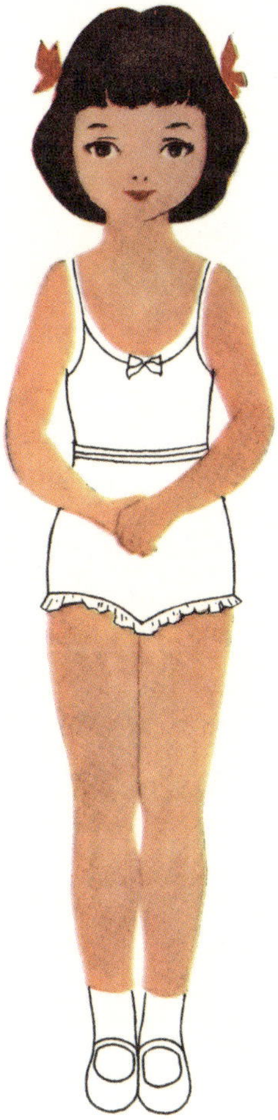

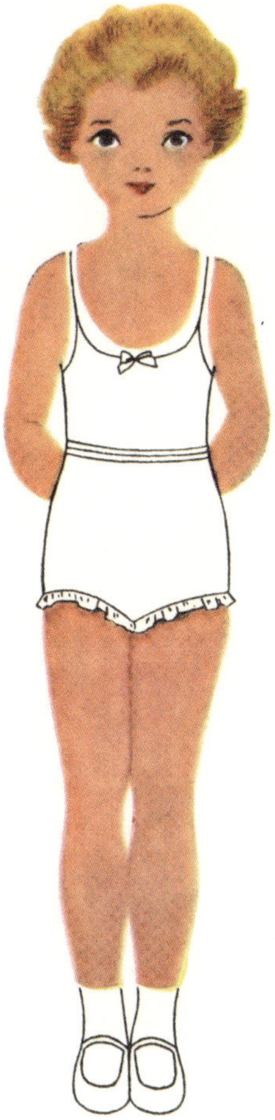

산타클로스에게 쓰는 편지

사랑하는 산타 할아버지께:

백화점에서 열린 추수감사절 퍼레이드에서 할아버지를 만났는데 저를 기억하세요?

할아버지는 꽃수레를 타고 바로 제 뒤편에 계셨어요.

그리고 크리스마스에 제가 원하는 게 기억나면 편지를 쓰라고 말씀하셨죠. 저는 롤러스케이트랑 요리놀이 세트를 갖고 싶어요. 왜냐하면 제가 쓰던 요리놀이 그릇 세트들은 오래 되어서 많이 망가졌거든요. 그리고 살랑거리는 예쁜 실내복도 갖고 싶어요. 저의 사랑과 키스를 보내며⋯⋯

벳시 맥콜 올림

추신: 바바라도 새 실내복을 원해요.
그리고 제 인형을 위해 제 것과 똑같은
작은 실내복이 있으면 너무 좋겠어요, 벳시.

23

Put the dress on Betsy

종인인형 놓기 게임하기

"움직이지 마, 린다."
사촌 여동생의 장식띠를 묶어주면서 벳시가 말했어요.
"됐어! 너도 나처럼 어른 같아 보여! 이제 내 파티에도 좀 어울릴 거 같네."

벳시가 사촌 린다를 데리고 아래층을 내려오자 아이들이 한꺼번에 소리쳤어요.
"깜짝 놀랐지! 서프라이즈야."
사실, 벳시의 파티가 아니라 린다의 깜짝 생일 파티랍니다!

모두가 선물을 증정하고 생일 케이크를 먹었어요. 그리고 엄마가 '종이인형 놓기'라고 이름 붙인 새로운 게임을 알려줬어요.

"훔쳐보기 없기!"
린다를 돌려세우며 벳시가 주의를 주었어요. 린다는 훔쳐보지는 않았지만 갈팡질팡 하다가 그만 벳시가 아닌 다른 아이에게 종이인형을 놓고 말았어요!

★게임하는 법

① 커다란 종이 중앙에 벳시 맥콜을 그려요.
② 색깔 있는 드레스를 그리고 오려 낸 다음 테이프로 붙여요.
③ 아이들은 한 명씩 차례로 눈가리개하고 술래가 되어요.
④ 술래는 세 바퀴를 돌고 나서 종이인형을 받고 움직이기 시작해요.
⑤ 지정한 친구 가장 가까이 종이인형을 놓은 술래가 이기는 게임이에요.

25

Betsy McCall is locked out

문 좀 열어 줄래요?

벳시는 엄마에게 줄 깜짝 선물로 팬지 꽃을 꺾어 집으로 달려갔어요. 벳시는 테이블 위에 꽃다발을 올려놓고 엄마에게 들키지 않고 몰래 자기 방에 돌아가려 했지요.

그런데 어쩌죠? 현관문이 잠겨 있어요! 꽃 꺾으러 갈 때 열쇠를 갖고 나올 그랬나 봐요. 벳시는 문간에 앉아버렸어요. 신문 배달원 아저씨 신문을 배달 왔네요. 그때도 계단에 가만히 앉아 있어야 했어요.

다음으로 우유배달 아저씨가 왔어요. "안녕." 우유배달 아저씨가 놀란 표정으로 말했어요. "이른 아침에 여기서 뭘 하고 있는 거니?" "문이 잠겼어요." 벳시가 아저씨께 이유를 설명했어요.

엄마는 문을 열다가 흠칫 놀랐어요! "엄마, 깜짝 선물이에요!" 꽃다발을 내밀며 벳시가 말했어요. "어머나, 예쁘구나!" 벳시를 껴안으며 엄마가 소리쳤어요.

27

Betsy McCall has her picture taken

사진을 찍어요

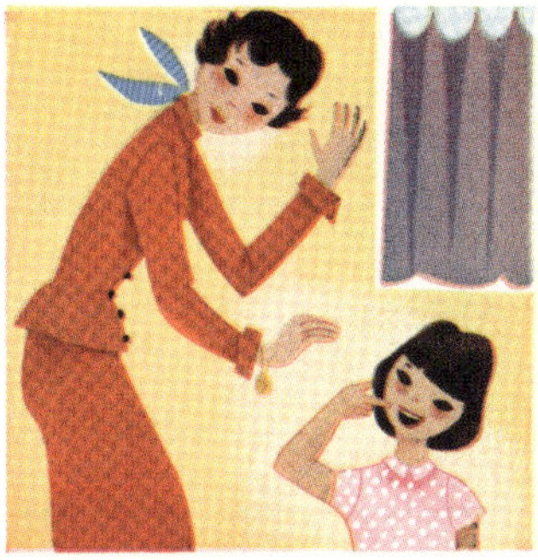

“엄마, 보세요. 이 하나가 흔들려요. 혀로 밀면 흔들흔들 움직여요.” 흥분한 목소리로 벳시가 소리쳤어요. “오, 쑥쑥 잘 크는구나, 그렇지?”

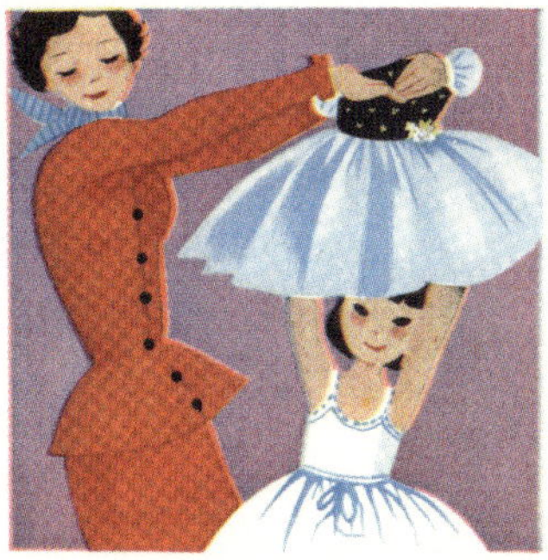

그날 오후 벳시는 예쁘게 옷을 차려 입었어요. “할머니를 위해 네 사진을 찍으려면 그 이가 빠지기 전에 서둘러야 해!” 엄마가 웃으면서 말했어요.

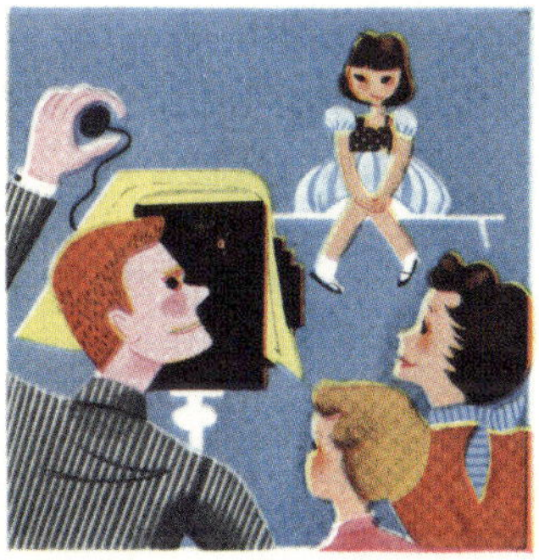

벳시의 사촌 바바라도 함께 했어요. 바바라는 아주 얌전했지만 벳시는 사진사에게 계속 잔소리를 들어야 했어요. “가만히 앉아 있어, 벳시. 자꾸만 이를 흔들지 말고. 자, 스마일!”

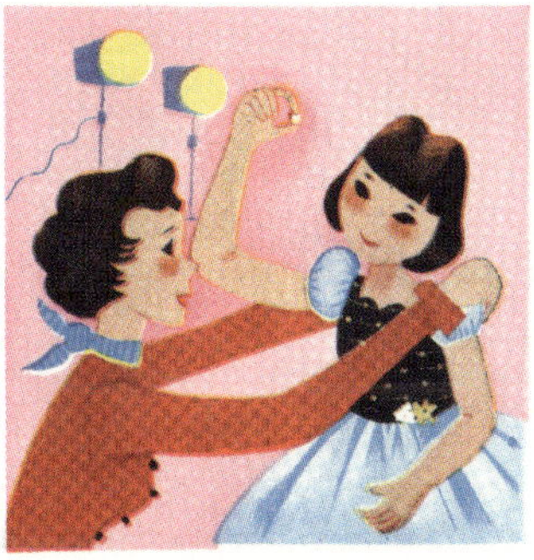

하지만 마지막 사진을 찍자마자 베시는 웃음을 멈추더니 놀란 표정으로 입에 손을 가져갔어요. 잠시 후 벳시는 엄마를 향해 배시시 미소를 지었어요. 이가 사라졌어요!

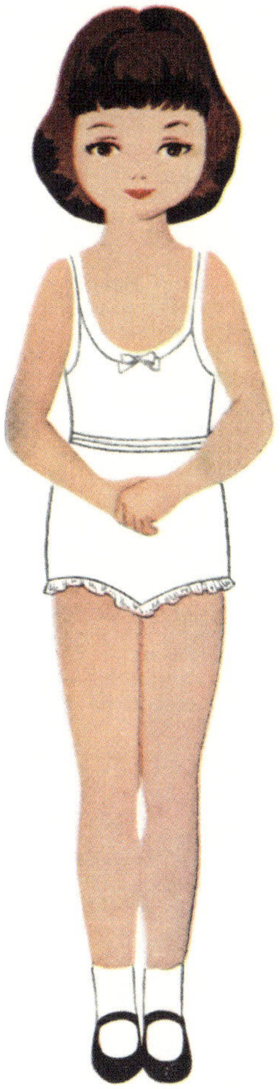

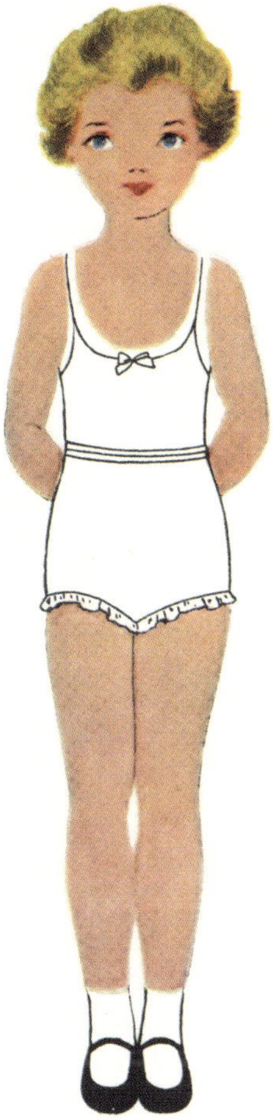

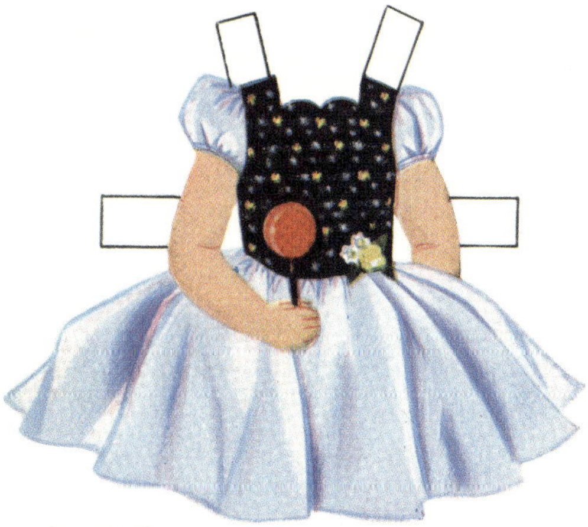

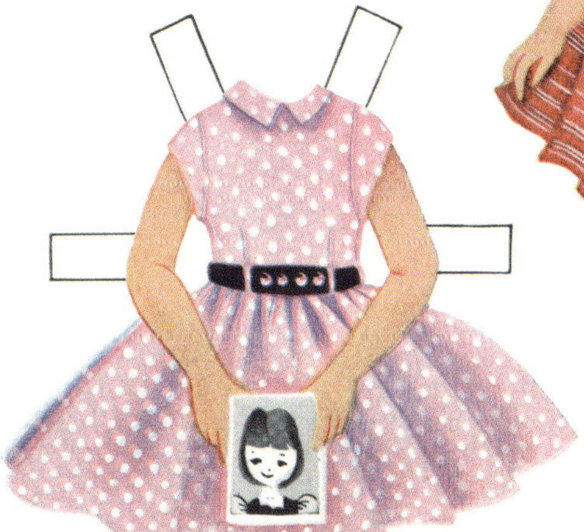

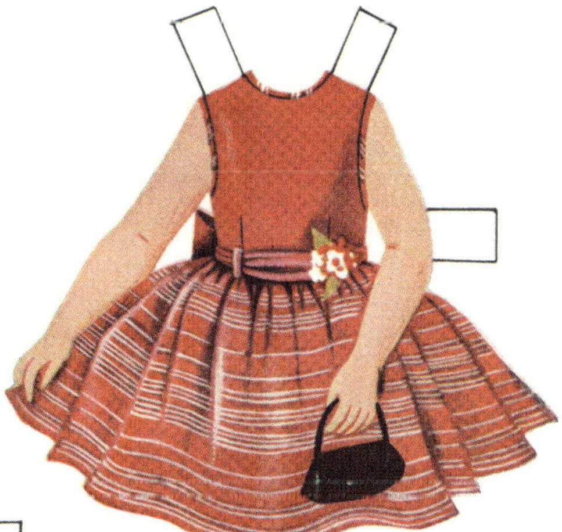

Betsy McCall rolls Easter eggs

"이리 와, 애들아."
지미의 엄마가 아이들을 불렀어요.
"우린 시합을 할 거야. 자기 코로 잔디
밭 너머까지 부활절 달걀을 굴리는 거
야. 자, 각자 선 위에서 준비하고, 시
작!"

처음에는 지미가 제일 먼저 앞서 갔어
요. 하지만 지미의 달걀은 옆으로 굴러
떨어졌어요. 지미가 자기 달걀을 쫓아
기어가는 동안 벳시는 코로 달걀을 힘
껏 밀다가 그만 철퍼덕 드러눕고 말았
어요.

하지만 벳시의 달걀이 1등으로 결승선
을 넘었어요. 벳시가 우승했어요!
그리고 우승 상품으로 색칠 한 달걀 한
바구니와 부활절 그림을 그릴 수 있는
크레용 한 상자를 받았어요.

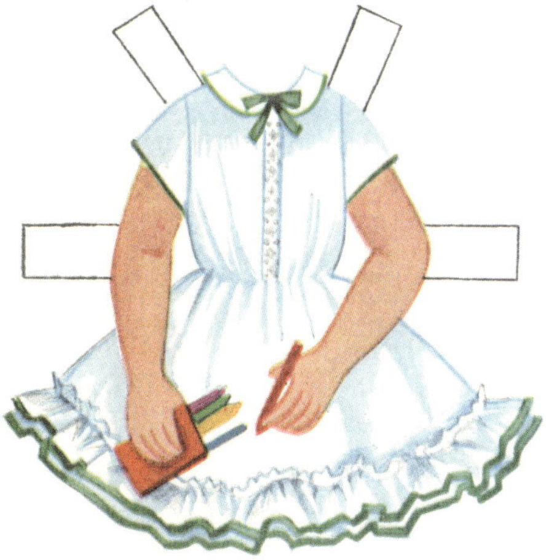

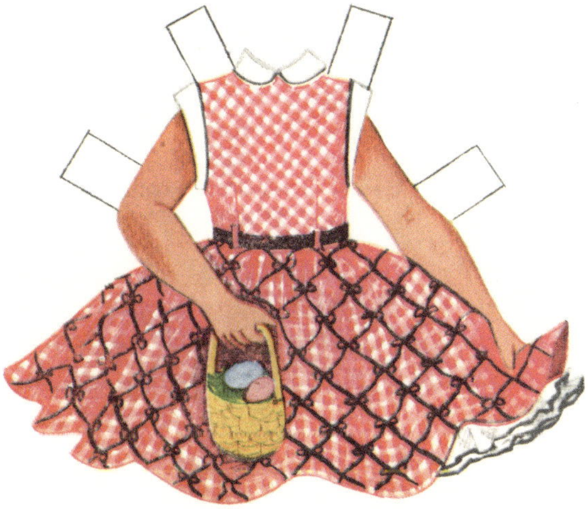

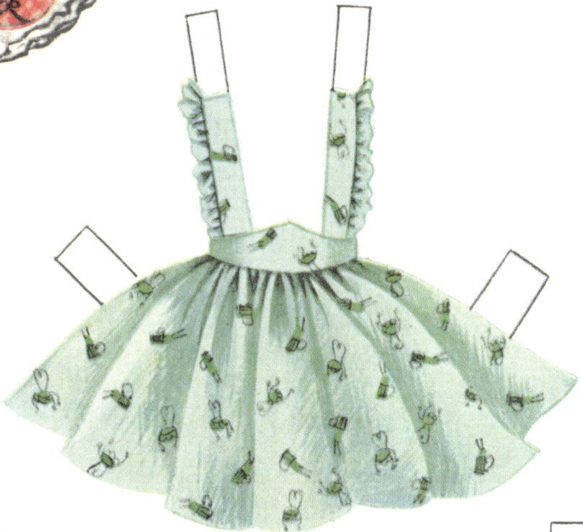

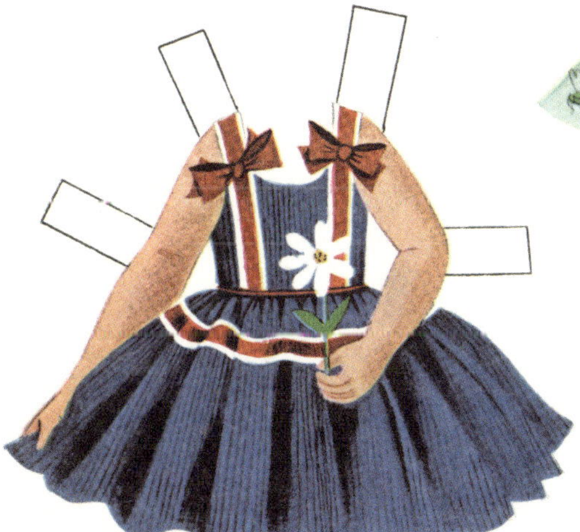

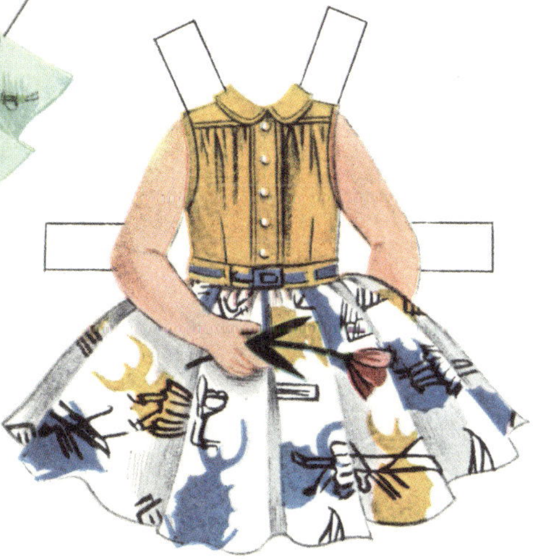

31

Betsy McCall plays the piano

피아노 연주

벳시는 거의 울상이 되었어요.
"엄마, 저렇게 많은 사람들 앞에서 피아노를 치고 싶지 않아요! 너무 무서워요!"
"당치도 않은 소리, 사람들이 없다고 생각해."
엄마가 다정하게 안아주며 말했어요.

"이제 벳시 맥콜 양이 춤추는 인형을 연주하겠습니다."
선생님이 소리쳤어요.
벳시는 후들후들 떨면서 의자에 앉았어요. 잠시 후 벳시는 사람들을 모두 생각에서 지워버리고 자신이 춤을 추고 있다는 상상을 했어요.
벳시는 음을 하나도 놓치지 않았어요!

모든 사람들이 우레와 같은 박수갈채를 보냈어요! 벳시는 일어나서 공손히 절을 하면서 앞자리에 앉은 엄마에서 미소를 보냈어요. 어쨌든 그리 나쁘지 않은 연주였답니다!

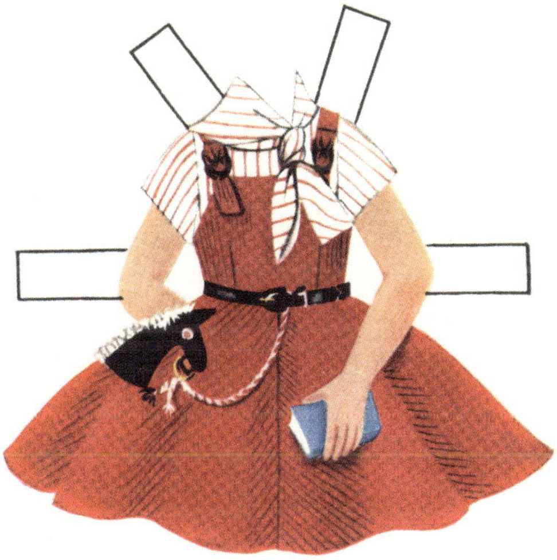

Betsy McCall's *valentine surprise*

I ♥ L O V E ♥ Y O U

깜짝 선물

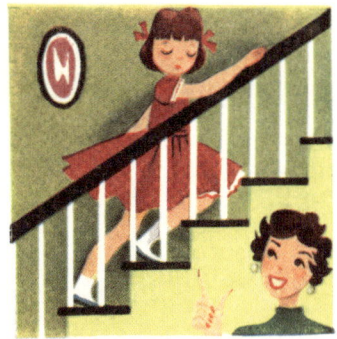

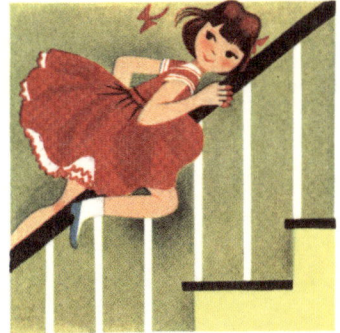

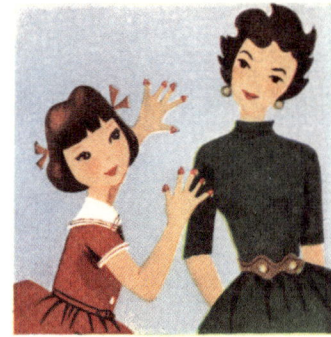

"이런, 벳시 맥콜." 엄마가 놀란 목소리로 말했어요.
"그렇게 지저분한 손으로 저녁 먹으러 오면 안 돼. 얼른 위층으로 올라가 손을 잘 문지르고 손톱까지 깨끗이 씻어."

벳시는 한참 동안 돌아오지 않았어요.
음식이 점점 식기 시작했어요.
"벳시." 엄마가 소리쳤어요.
"서둘러, 우린 널 기다리고 있단 말야."
"지금 가요."
벳시는 소리치며 난간을 타고 내려왔어요.

"해피 밸런타인데이!"
벳시는 축하인사를 했어요. 그리고 검사를 받으려고 손을 쑥 내밀었어요.
벳시의 손톱에는 저마다 붉은색 하트가 붙여져 있었고 거기에 'I LOVE YOU'라고 쓰여 있었어요.

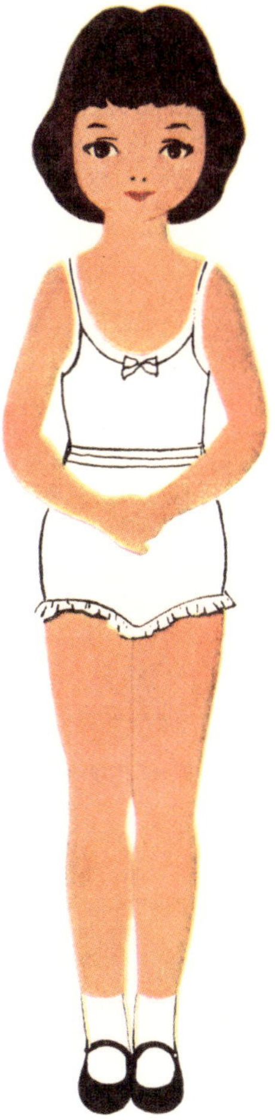

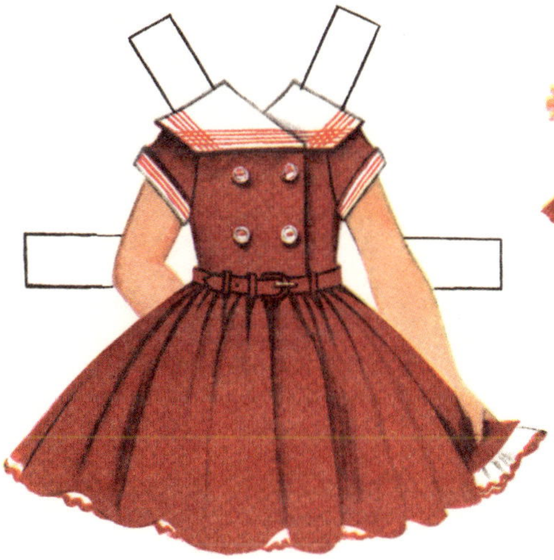

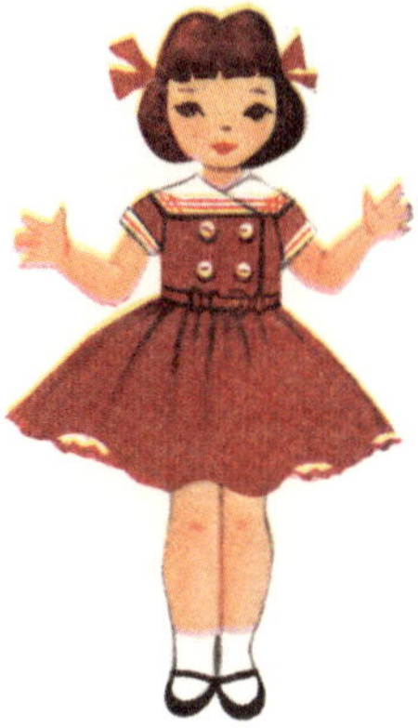

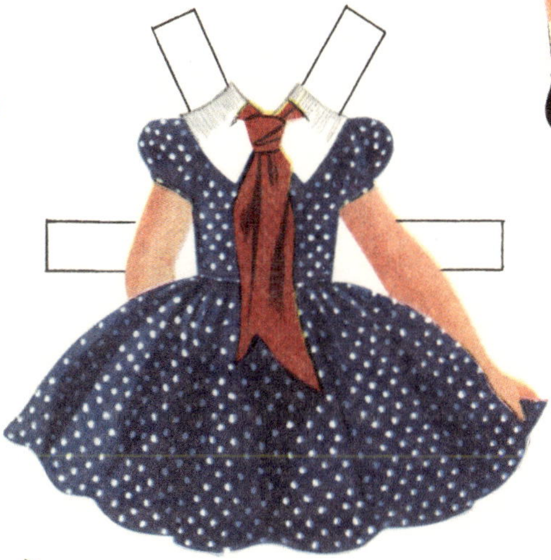

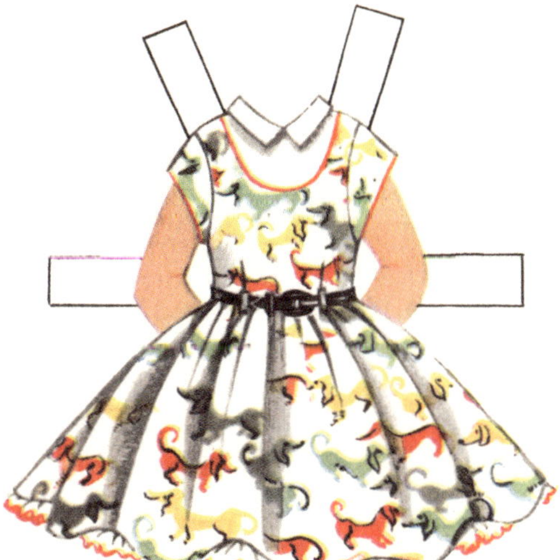

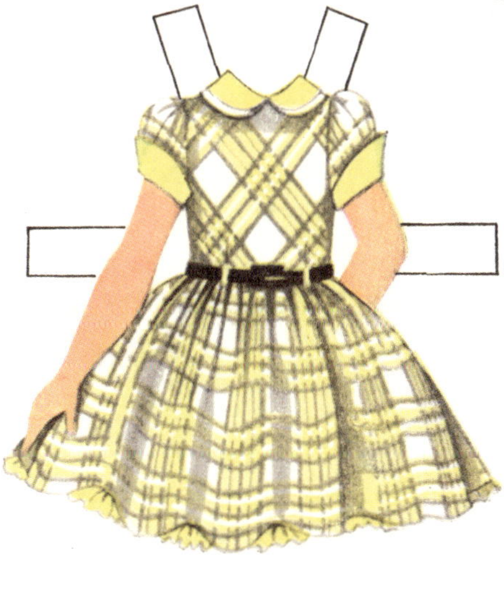

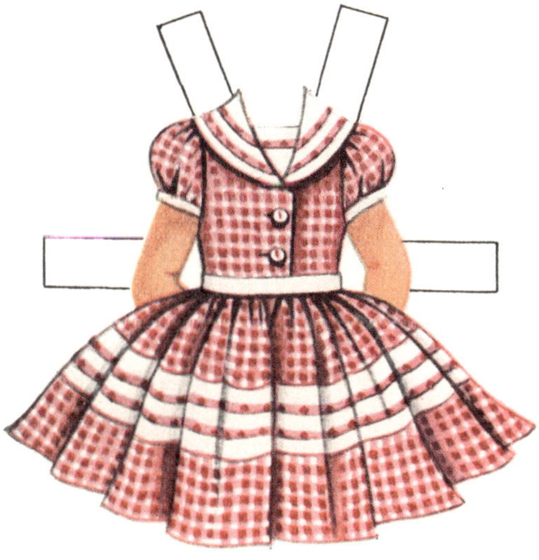

Betsy McCall *has a beach picnic*

해변 소풍

벳시와 사촌 린다는 엄마 아빠와 함께
해변으로 소풍을 갔어요.
엄마는 소풍 바구니에 음식을 담았어요.
모두 불 위에 구운 핫도그를 다른 음식들과
함께 맛있게 먹었어요.
디저트로 마시멜로도 구웠어요.

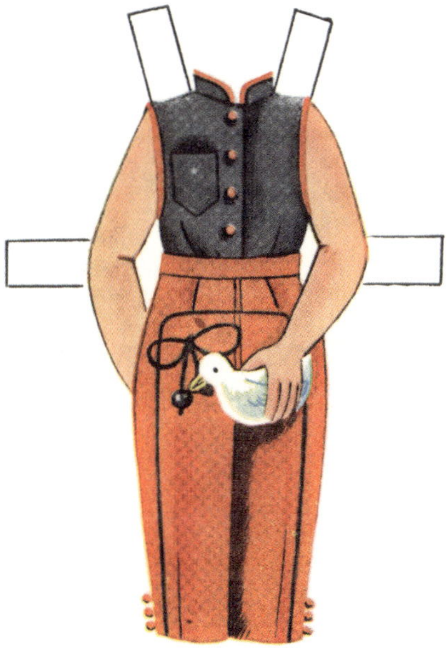

37

Betsy McCall on Valentine's Day

밸런타인데이

오늘은 밸런타인데이랍니다.

벳시는 모퉁이에서 식당 안을 자세히 들여다보았어요.

"어서와, 노시. 아무도 없어."

벳시는 강아지 노시에게 탁자 위에 봉투 두 개를

올려놓으라고 시켰어요.

"노시, 이건 발렌타이데이 카드인데 학교에서 만들었어."

벳시가 노시에게 설명했어요.

"카드 안에는 '누군지 알아맞혀 보세요!'라고 적혀 있거든.

아빠가 깜짝 놀랄 걸?"

벳시와 노시는 아무 일도 없는 척 이층으로 올라갔어요.

"벳시, 내가 무얼 발견했는지 와서 보렴."

아빠가 말했어요.

"누가 이걸 남겨 놓았지? 노시가 카드를 썼을까?"

벳시가 깔깔 웃었어요.

"아뇨. 내가 그랬어요."

벳시가 말했어요.

"해피 밸런타인데이!"

Betsy McCall

사랑의 고백

하트는 빨간색이고 하늘은 푸른색이야.
나의 고백 카드는 너와 똑같아.
하지만 누가 이걸 너에게 보냈는지 알아맞힐 수 없다면
내가 누구인지 너에게 말하지 않을 거야.

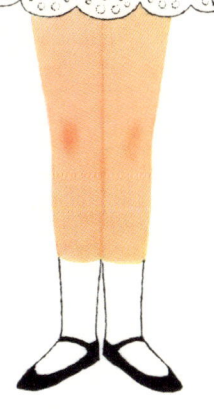

Betsy McCall *flies a kite!*

연 날리기

바람이 부는 화창한 날씨였어요.

연 날리기에 완벽한 날씨였지요.

벳시는 반짝거리는 연을 샀어요.

빨간색과 노란색 그리고 푸른색과 하얀색이

예쁘게 칠해진 연이었어요.

"바람이 엄청 세게 불고 있지만 난 지금 연을 날릴 거야."

숨 쉬기 힘들 정도로 세찬 바람이 불어왔어요.

벳시가 달리면서 길모퉁이를 돌자마자 손에서 연이

휙 날아갔어요.

순식간에 연은 저 멀리 허공으로 날아갔어요.

결국 벳시는 연을 잃어버린 채 집으로 돌아왔어요.

"저런 속상하겠구나!"

엄마가 말했어요.

"하지만 이 세 벌의 드레스로 네 마음이 풀리면 좋겠어."

벳시는 까악 하며 기쁨의 비명을 질렀어요.

"이 드레스는 내 연과 똑같은 색이야!"

"그리고 진짜 깜짝 선물이 있단다."

엄마가 말했어요.

"창밖을 보렴! 저기 단풍나무 가지에 뭐가 걸려 있는지 보이니?"

Betsy McCall goes to West Point

육군사관학교 방문

엄마가 피터 삼촌의 초대장을 읽는 동안 벳시는 너무 흥분하여
숨이 막힐 지경이었어요.
"피터 삼촌이 6월에 우리 가족이 방문했으면 하네.
육군사관학교 졸업식 때 삼촌이 결혼식을 올리기로 했다는구나.
군대 결혼식은 세상에서 가장 멋지지."
"동화에 나오는 결혼식과 비슷하잖아요."
벳시가 말했어요.
어깨에 총을 둘러 맨 피터 삼촌이 너무 멋져 보였어요.
삼촌은 깃털이 달린 양동이 모양의 모자를 쓰고 있었지요.
사관학교 생도들의 행진이 정말 좋았어요.
행진에 맞춰 고적대 음악이 울려 퍼졌어요.
벳시는 졸업식 연설이 어떤 의미인지 잘 몰랐지만,
어쨌든 졸업식은 마음에 들었어요.
얼마 후 졸업식이 끝나자 생도들은 하얀 모자를 하늘 높이
날렸어요.
그런 다음 생도들은 가장 멋진 옷으로 갖춰 입고
결혼식에 참석했어요.
피터 삼촌과 수 숙모는 사관학교 생도들이 군도로 만든
아치를 지나 아주 오래된 성당에서 남편과 아내가 되었답니다.
그런데 생도들의 군도 아래로 으스내며 걸어가는
작은 꼬마가 있었어요.
물론 벳시 맥콜이죠!

Betsy McCall

백악관 방문

주말에 벳시는 엄마 아빠와 함께 백악관을 방문했어요.
입장을 위해 줄 서서 기다리는 동안 캘리포니아에서 온
에밀리와 친구가 되었어요.
"우리가 문을 열면 식사하시는 대통령을 볼 수 있어요?"
벳시가 물었어요.
"아니, 대통령 가족이 계시는 이층에는 갈 수 없단다."
엄마가 대답해 주셨어요.
잠시 후 줄이 움직이기 시작했어요. 반짝반짝하는 샹들리에가
드리워져 있고 반들반들한 바닥이 깔린 무도회장이 보였어요.
"저기서 롤러스케이트 타고 싶지 않니?"
벳시가 속삭였어요.
하지만 너무 엉뚱한 생각이라 벳시와 에밀리는 손으로 입을 가린 채
낄낄거리며 웃었어요.
실크 벽지로 장식한 그린룸과 블루룸 그리고 레드룸도 보였어요.
"백악관에는 132개의 방이 있습니다. 그 중 한 방에는 링컨의 유령이 출몰
한다는 얘기가 전해지고 있습니다."
가이드가 목소리를 착 깔면서 말했어요.
벳시 가족은 백악관 구석구석을 걸어다니며 구경했어요.
잔디밭 뒤편에서는 네 명의 아이들이 강아지와 함께 놀고 있었어요.
그리고 두 명의 어른이 흐뭇하게 아이들을 지켜보고 있었지요.
에밀리가 손을 흔들어 인사하자 그들도 손을 흔들며 인사 했어요.
그 순간 벳시는 울타리 사이로 재빨리 그들의 사진을 찍었어요.
그들은 누구였을까요?
사진 속에는 대통령과 영부인
그리고 네 명의 손자들이 있었답니다.

Betsy McCall

인형 패션쇼

벳시는 린다, 캐롤, 조와 함께 인형 패션쇼를 열고 싶었어요.
인형들에게 신학기 드레스를 입히는 패션쇼였죠.
다른 것들은 괜찮았지만 한 가지 문제가 있었어요.
그들에겐 패션쇼를 위한 무대가 필요했거든요.
그러자 아빠가 도와주신다고 했어요.
"일단 내가 무대를 하나 만들면 너희들은 테이블 위로
런웨이를 설치할 수 있을 거야. 이번 주말에 할 거니?"
무대가 만들어진다는 기쁨에 벳시는 정신없이 인형이 입을
옷들을 살펴보았어요.
하지만 옷의 상태가 벳시를 몹시 슬프게 했어요.
"어휴, 엄마."
벳시가 투덜거리며 말했어요.
"적당한 드레스가 없어요. 너무 낡았거나 꾀죄죄해 보여요.
어쨌든 패션쇼인데 내 인형은 참가하지 못할 것 같아요."
"이번엔 엄마가 나설 차례구나."
엄마는 인형 옷을 바느질 하고 다듬는 것을 도와주셨어요.
드디어 우아한 무대가 만들어지고 인형들을 위한 패션쇼가 열렸어요.
벳시의 엄마가 만들어준 드레스는 패션쇼에서
가장 사랑스러운 옷이었어요.

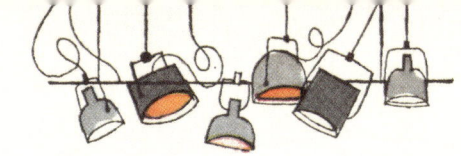

Betsy McCall

딩동스쿨 방문

"선생님의 딩동스쿨은 제가 제일 좋아하는 TV쇼에요."
벳시가 미스 프랜시스에 편지를 썼어요.
그러던 어느 날 과연 무슨 일이 발생했을까요!
미스 프랜시스가 벳시를 초대했답니다!
벳시가 스튜디오에 도착하자 미스 프랜시스가 벳시를 불렀어요.
"안녕, 벳시. 여기 좀 볼래, 너를 위한 깜짝 선물이 있어. 영화 인기스타처럼
네 이름이 새겨진 의자란다. 여기에 앉아서 우리의 쇼를 구경하렴."
"저도 미스 프랜시스를 위한 깜짝 선물이 있어요. 바로 여기에 있답니다."
쇼가 끝나자 바닥에 내려놓은 바구니를 가리키며 벳시가 말했어요.
"이 안에 뭐가 들었는지 한번 알아맞혀 볼까?"
미스 프랜시스가 말했어요.
"이건 음… 체리파이!"
"틀렸어요."
벳시가 고개를 가로저었어요.
"초콜릿을 뿌린 앤젤 케이크?"
벳시가 키득키득 웃었어요.
"아니, 먹는 게 아니에요."
그 순간 바구니 덮개가 쑥 삐져나왔어요.
"어머, 벳시, 이건 귀여운 작은 강아지네."
미스 프랜시스가 강아지를 들어올리며 소리쳤어요.
미스 프랜시스가 강아지를 볼에 갖다 대자
강아지가 그녀의 코를 다정하게 핥았어요.
"이건 첫눈에 사랑을 보여주는 명확한 표시야, 그렇지 않니?"
미스 프랜시스가 작은 닥스훈트 강아지를 내려놓으며 말했어요.
"이 녀석이 자라는 걸 지켜보면 아주 재미있을 거예요."
"너도 그럴 거야!"
미스 프랜시스가 소리쳤어요.
"내게 아주 멋진 아이디어가 떠올랐거든.
우린 이 강아지를 매주
쇼에 출연시킬 거야.
그럼 너도 강아지가 자라는
모습을 볼 수 있는 거지!"

Betsy McCall

미시시피 강 여행

델타퀸 호를 타고 뉴올리언스에 도착했을 때 벳시는 사촌 린다에게 전화를 했어요.

"안녕, 린다! 이번 여행은 엄청 재미있어! 우린 침대차 특별실에 머물러. 진짜 해적 동굴에 가보았고, 근처의 농장도 방문했어. 선장님은 미시시피 강이 6200킬로미터에 달하는 아주 긴 강이라고 설명했어. 우린 아직 절반도 구경하지 못했어. 미시시피는 인디언 말로 '큰 강'이라는 뜻이래. 엄마와 나는 뉴올리언스에서 관광을 할 거야. 이제 그만 말해야겠어, 린다. 잠깐, 강에 안개가 끼면 배들은 안개가 걷힐 때까지 정박하면서 기적 소리로 서로 대화를 한단다. 델타퀸 호에서 처음 기적 소리를 들었을 때 나는 벌떡 일어났어. 그 소리가 엄청 크게 들렸거든. 그래서 나는 델타퀸 호의 기적 소리로 너에게 작별인사를 하고 싶어. 부우! 부우!"

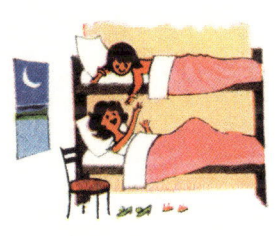

Betsy McCall
gives Nosy a Christmas present

크리스마스 선물

"올해에는 내 강아지 노시를 위해 크 리스마스 트리를 만들 거예요. 트리에 강아지 사탕과 비스킷을 달아서." 벳시가 말했어요. "난 노시에게 새 공을 줄 거예요. 낡은 공은 잃어버렸거든요." 바바라가 맞장구를 쳤어요. "난 방금 노시가 가장 좋아하는 걸 생각 해냈어!" 엄마가 소리쳤어요.

"아빠에게 크리스마스 기념으로 새 슬 리퍼를 선물했으니까 낡은 슬리퍼는 노 시에게 선물하자구나. 그럼, 노시가 마 음껏 슬리퍼를 물어뜯을 수 있겠지." 크리스마스 날 아침에 노시는 아빠가 새 슬리퍼를 개봉할 때까지 초조하게 기다렸어요.

"노시가 냄새를 맡은 게 틀림없어." 벳시가 말했어요. 잠시 후 노시는 자신의 크리스마스 트리 를 보았어요. "난 세상에서 낡은 슬리퍼가 제일 좋 아요." 노시가 이렇게 말하듯이 컹컹 짖었어요.

Betsy McCall looks for Easter eggs

숨은그림 찾기

"정원에 나가서 부활절 달걀을 찾아보렴."
부활절에 엄마가 벳시에게 말했어요.
벳시는 부활절 달걀을 찾기 위해 밖으로 뛰어나갔어요.
그리고 여섯 개의 달걀을 찾아냈어요!
여러분은 숨은 그림에서 달걀을 찾을 수 있나요?
색연필로 부활절 달걀에 색칠해 보세요.

57

Betsy McCall

할리우드 방문

벳시가 할리우드에서 편지를 썼어요.

"안녕, 린다. 난 아주 흥미로운 일을 겪었어. 아이스크림 가게에서 내 또래 영화배우를 만났거든. 이름은 할리 밀즈인데 디즈니 영화에 나오는 자신의 연기를 보러 오라고 나를 초대했어. 항상 즐거운 일을 찾아다니는 소녀 역할이래.

그게 다가 아니야. 제인 와이먼이나 아돌프 멘조 같은 여러 배우들을 만났어. 샌디와 비슷하게 생긴 케빈 코코란이라는 소년도 만났어.

밤에 그들은 수백 명의 사람들과 무수히 많은 가로등과 풍선이 등장하는 옛날식 바자회 장면을 찍었어. 엄마는 거기 있던 구식 자동차가 할머니보다 더 나이가 많댔어. 그때 영화 감독이 뭐라고 했는 줄 알아? "벳시, 이 장면에 너도 같이 출연하면 어떻겠니?" 내가 출연한다니! 나는 뛸 듯이 기뻤어. 하지만 영화를 보았을 때, 린다, 어땠을 것 같아? 내 얼굴은 커다란 풍선에 가려져 있어 옷만 겨우 보였어. 실망스러웠지만 엄마는 영화에 출연한 것만으로도 기쁜 일이라고 하셨지. 또 쓸게."

사랑을 전하며, 벳시 맥콜

Betsy McCall

장미 축제

벳시는 뉴욕에 있는 잭슨앤퍼킨스 장미 정원에 갔어요. 그렇게 사랑스러운 장미정원은 처음 봤어요.

장미 정원은 사람들로 넘쳐났어요!

"해마다 6월이면 미국 전역에서 장미를 구경하고 귀여운 장미 공주 선발도 지켜보려고 사람들이 이곳을 찾아온단다."

엄마가 말했어요.

벳시는 올해의 장미 공주가 된 헤더와 이야기도 나누었어요.

"그거 아니?"

벳시가 물었어요.

"우린 자매처럼 정말 닮았어!"

헤더가 깔깔거리며 웃었어요.

"우리 정말 자매처럼 해보자. 벳시 언니, 대관식을 위해 내가 옷을 입는 동안 분장실로 와줘."

발레복을 입은 수십 명의 작은 소녀들이 장미 축제의 완성을 위해 대기하고 있었어요. 그 중에서 헤더의 드레스가 가장 예뻤어요.

"너도 한번 입어볼래?"

헤더가 물었어요.

드레스는 벳시의 몸에 딱 맞았어요. 헤더는 벳시의 머리에 왕관도 씌워 주었어요.

그 순간 한 여자가 허겁지겁 분장실로 들어오더니 무작정 벳시를 무대로 데려갔어요.

"공주님, 연설할 대사 기억하죠?"

벳시는 자신이 공주가 아니라고 고개를 세차게 흔들었어요.

벳시는 헤더와 눈이 마주치자 울음을 터뜨리며 달려나갔어요. 곧이어 벳시가 벗어준 드레스를 입은 헤더가 진짜 공주님처럼 무대로 올라갔어요.

벳시는 헤더가 무척 부러웠어요. 그때 확성기를 통해 소리가 울려 퍼졌어요.

"세상에서 가장 작은 장미를 베이비 헤더로 선언하노라."

만약 벳시가 올해의 장미 공주였다면 정말 좋았을 거예요.

Betsy McCall

기차 여행

"캘리포니아 제피르호에 탑승하신 걸 환영합니다."
열차 승무원의 인사를 받으며 여행은 시작되었어요.
벳시와 엄마는 유리천장으로 된 비스타돔으로 올라갔
어요. 시골 비탈길과 농장과 강을 모두 구경할 수 있
거든요.
콜로라도에서 눈 덮인 커다란 산을 보았어요.
"여긴 로키 산맥의 한복판이란다."
엄마가 말했어요.
벳시가 숫자를 헤아리다 까먹을 정도로 그곳에는 터
널이 아주 많았어요. 모펫 터널은 10킬로미터 길이에
4500미터 높이의 산을 관통하고 있답니다!
가파른 협곡을 지나는데 절벽이 어찌나 높은지 벳시
는 바닥에 누워 절벽을 구경했어요.
"저녁 식사로 송어요리가 괜찮으시겠습니까?"
식당 칸에서 승무원이 물었어요.
"덴버에 잡힌 송어는 오늘 우리가 지나치는 개울에서
어제까지 헤엄치던 바로 그 송어랍니다."
그날 밤 벳시가 침상에서 잠들어 있는 동안 제피르호
는 유타와 네바다를 통과했어요.
아침 식사 무렵 벳시와 엄마는 페더강 협곡이라는 불리
는 야생의 녹색지대를 지나 캘리포니아에 이르렀어요.
"너의 고조할아버지께서는 포장마차를 타고 이곳에
왔었지."
엄마가 말했어요.
벳시는 숲속을 지나며 뛰어다니는 사슴과 산토끼를
보았어요.
얼마 후 열차는 높은 산에서 과수나무와 야자나무가
있는 낮은 곳으로 내려왔어요. 건널목에서는 사람들
이 손을 흔들어 인사를 했어요.
그리고 마침내 마지막 정류장인 캘리포니아 오클랜드에
도착했어요.

Betsy McCall's
Cousin Linda goes to "Romper Room"

린다의 롬퍼룸

"안녕, 린다. 네가 꼬마가 아니라면 너도 학교에 갈 수 있을 텐데."
린다가 뿌루퉁하게 말했어요.
"텔레비전에 나오는 '롬퍼룸 학교'에 다니고 있다구."

"잠깐 기다려, 노시. 학교에서 배운 국기에 대한 맹세를 다 외워서 벳시 언니에게 일러줄 거야."

"난 알래스카 주에 대해서도 알고 있어. 그곳에는 화산과 커다란 빙산이 있어."

"노시, 이제 장난감을 치우고 낮잠을 자자. 우리가 잠에서 깨어나면 벳시 언니도 학교에서 집으로 돌아오겠지. 그때 우리가 배운 롬퍼룸 학교에 대해 언니에게 말해주자!"

Betsy McCall

윌리엄즈버그 방문

안녕 샌디

나와 함께 너도 이곳에 왔으면 정말 좋았을 텐데.

여긴 동화책 속에 나오는 마을처럼 꾸며놓은 진짜 마을이야.

조지 워싱턴 대통령도 여러 차례 이곳에 머물렀대.

나는 워싱턴 대통령처럼 가발도 써보고, 옛날식 마차도 타 보았어.

그리고 삼각모자와 옛날 방식으로 만든 생강쿠키를 샀어.

이곳에는 진짜 밀가루를 빻는 풍차가 있어. 나는 풍차가 작동하는 걸 보았어.

옛날에 있던 가게들과 똑같은 가게들도 많이 있어. 이곳 사람들은 식민지 시대의 의상을 입고 있을 뿐 아니라 남자들은 버클로 잠그는 신발을 신고 다녀.

약방에서 아빠는 얼음사탕과 예전 아이들이 씹던 느릅나무 껍질을 샀어.

그 과자는 맛이 이상야릇해. 가져갈 테니 너도 맛 봐. 그리고 대장장이가 대장간에서 만든 편자도 네 이름을 새겨서 가져올 거야.

식민지 시대의 부엌도 구경했어. 옥외 화덕에서 파리를 쫓아내면서 요리를 하더라.

가장 재미있는 곳은 감옥이었어. 나는 이삐의 도움으로 옛날 죄인들을 벌하던 형틀에 내 머리와 손을 넣어 보았어. 참 재미있는 곳이야. 곧 돌아갈게.

사랑은 전하며, 벳시.

Betsy McCall
visits the United Nations

UN 방문

UN 앞은 마치 축제일 같아요! 길게 늘어선 깃대에서 세계 각국의 대형 국기들이 펄럭이고 있었고, 수많은 창문들이 햇살에 반짝이고 있었어요.

벳시는 프랑스에서 온 장이라는 작은 소녀와 스위스에서 온 페터라는 소년 사이에 줄을 섰어요. 페터는 영어와 독일어와 프랑스어를 할 줄 알아서 서로 수다를 떨기 시작했어요.

벳시가 페터에게 영어로 말하면, 페터는 장에게 프랑스어로 말했어요.

벳시는 Trick-or-Treat for UNICEF 캠페인이 UN 아동기금에 얼마나 도움이 되는지 그들에게 알려줬어요.

"우리는 옷에 UNICEF 태그를 붙이고, 박스에 UNICEF 스티커를 붙여. 그리고 할로윈데이에 우리 이웃들로부터 기금을 모아. 단돈 1페니만으로도 한 아이에게 우유 5잔을 사줄 수 있어. 학교에서 영상물을 보았지." 벳시가 말했어요.

"난 집으로 돌아가면 Trick-or-Treat for UNICEF 캠페인을 할 거야." 페터가 약속했어요.

"나도 그럴 거야."
장도 맞장구를 쳤어요.

그들은 사리라고 부르는 스카프를 온몸에 두른 인도 여성 가이드를 따라다녔어요.

그녀는 커다란 회의실로 그들을 안내했어요. 그곳은 각국에서 온 대표들이 전쟁 없이 문제를 해결하기 위해 회의를 하는 곳이에요.

어떤 방에는 커다란 새를 향해 손을 뻗고 있는 아름다운 소녀 조각상이 있었어요.

"저 아이는 독립을 향해 손을 뻗고 있는 신생국을 상징하고 있습니다. UN은 신생국들이 자립할 수 있을 때까지 그 나라들을 보호합니다." 가이드가 설명했어요

"부모님이 나를 보살피는 것처럼 그렇게 하는 거예요?" 벳시가 물었어요.

"바로 그거랍니다!" 가이드가 말했어요.

Betsy McCall

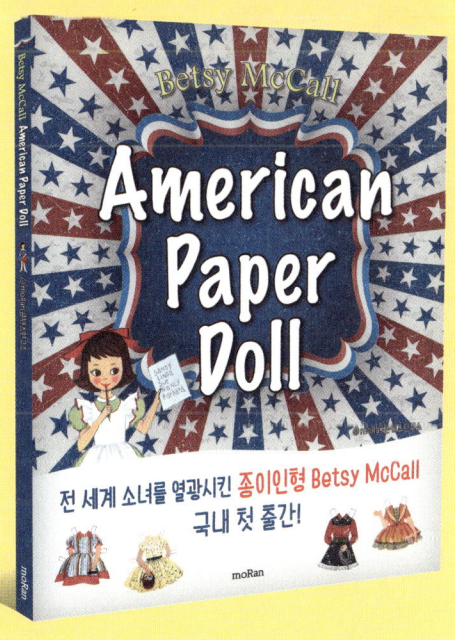

1951 원조 패션 걸
Betsy McCall 탄생!

《스토리가 있는 종이인형 놀이》는 주인공 벳시 맥콜의 가족 휴가여행으로 시작됩니다. 백악관, UN, 인디언마을 등 여러 곳을 방문하고, 그에 맞는 의상을 갈아입힐 수 있습니다. 실제 잡지 원문을 복각하여 65년 전 의상을 그대로 실현한 종이인형 놀이 책. 당시에 판매되었던 의상 패턴대로 옷본을 제공하여 어린이뿐만 아니라 성인들에게도 즐거운 추억여행이 될 것입니다.

값 13,000원

13630

9 791195 806010

ISBN 979-11-958060-1-0 13630

오리고 입히고 말하고
소녀감성 패션 인형극장

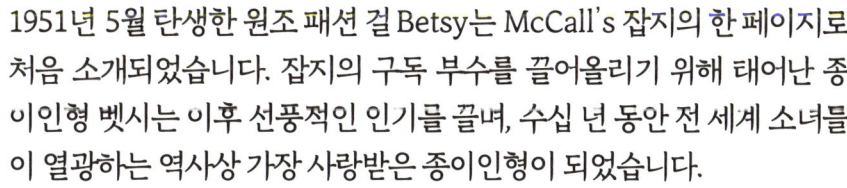

1951년 5월 탄생한 원조 패션 걸 Betsy는 McCall's 잡지의 한 페이지로 처음 소개되었습니다. 잡지의 구독 부수를 끌어올리기 위해 태어난 종이인형 벳시는 이후 선풍적인 인기를 끌며, 수십 년 동안 전 세계 소녀들이 열광하는 역사상 가장 사랑받은 종이인형이 되었습니다.